# 56 – Verfolgt von einer Zahl

## von einer Zahl

### Eine Zahl offenbart die Bestimmung meines Lebens

**Semmy de Nada**

Bibliografische Information der Deutschen Nationalbibliothek: Die Deutsche Nationalbibliothek verzeichnet diese Publikation in der Deutschen Nationalbibliografie; detaillierte bibliografische Daten sind im Internet über http://dnb.dnb.de abrufbar.

ISBN: 978-3-7568-6987-9

© 2023 Semmy de Nada | semmy.eu

Herstellung und Verlag:
BoD – Books on Demand, Norderstedt

*Für Gitti.*

# 56 – Verfolgt von einer Zahl

## KAPITEL EINS:
## VON DER 56 VERFOLGT

Ich weiß es klingt wie aus einem Psycho-Krimi.

Ich werde von einer Zahl verfolgt, –
schon mein gesamtes Leben lang.

Es ist die Zahl 56.

Egal, was ich mache, wohin ich sehe, in welchem Land ich
mich aufhalte, in welchem Haus ich lebe oder mit welchen
täglichen Details ich mich privat oder beruflich beschäftige:
Die 56 klebt an mir wie eine Klette.

Lange hatte ich dafür keine Erklärung und hatte sogar eine
Phase, die mich zeitweise so verrückt machte, dass ich Angst
vor meinem 56. Geburtstag und dem meines Lebensgefährten
hatte, weil ich dachte, es wird sicher etwas Schlimmes
passieren.

Meinem Lebensgefährten geht es übrigens sehr gut, er ist
bereits 57, während ich dieses Buch schreibe.

Allerdings hat es für mich 53 Jahre gedauert, bis ich das
Geheimnis um die Bedeutung der Zahl 56 gelüftet hatte.

Wie in jedem guten Krimi gibt es am Ende dazu
glücklicherweise eine Auflösung.

Es gibt Dinge im Leben, die man erst nur unbemerkt wahrnimmt und ignoriert, verdrängt und dann einfach vergisst.

So war es dann auch Jahrzehnte lang bei mir.

Als Kind war ich extrem neugierig und eine begierige Leseratte und hatte mich bereits früh mit Mathematik beschäftigt. Ich war zunächst so begeistert, dass ich im Telekolleg-Fernsehen bereits Sendungen für eine oder zwei Klassenstufen im Voraus angeschaut habe.

Leider bekam ich bald einen Mathelehrer, der durch seine terrorisierende Art des Unterrichtens mir eine solche Angst gegenüber Zahlen und Mathematik beschert hatte, dass ich bald nie wieder etwas mit Zahlen zu tun haben wollte.

Dadurch entgingen mir lange Zeit die seltsamen Vorkommnisse in meinem Leben, die sich erst nach mehreren Jahrzehnten auflösen sollten.

Die Zahl 56 begann immer wieder in regelmäßigen Abständen in meinem Leben aufzutauchen, aber ich schenkte ihr erst mal nicht so wirklich Beachtung.

# KAPITEL DREI:
# ALSO WAS IST DENN
# NUN MIT DER 56?

Ich dachte, es hätte eigentlich erst damit begonnen,
als wir in eine neue Wohnung umgezogen sind,
in eine mit der Hausnummer 56.

Ich habe dort meine gesamte Teenagerzeit verbracht, dort
auch während meiner Ausbildung als Verlagskaufmann
gewohnt und bin erst nach meinem Zivildienst in meine
eigene erste Wohnung ausgezogen.

Keine Sorge, das wird hier nicht meine komplette Auto-
Biografie, die schreibe ich erst, wenn ich 56 geworden bin!

Also machen wir es ganz praktisch,
so, wie es momentan eben in meinem Leben läuft.

Kurz bevor ich dieses Kapitel geschrieben habe, bin ich
gegenüber von Flug-Gate 56 abgeflogen und hatte eine
Stunde vor der Landung die Außentemperatur gecheckt:
Minus 56 Grad C. Als ich dann gelandet war, sagte mir meine
App zum öffentlichen Nahverkehr, dass ich noch genau 56
Minuten hätte - dann würde nämlich mein Zug abfahren.

Übrigens findet man alle meine wöchentlichen und oft
täglichen Foto-Schnappschüsse auf semmy.com/56 die
dieses ganze 56-Mysterium dokumentieren.

# KAPITEL VIER:
## ALLES NUR EINE FRAGE
## DER INTERPRETATION?

Viele sagen: "Das ist nur eine Frage der Interpretation!"

Oder dass es wahrscheinlich was mit den Effekten zu tun hat, mit denen ich mich gleich auf den folgenden Seiten beschäftigen werden: Dinge wie „selektive Wahrnehmung" - „Deja Vú" oder das „das RAS Nervensystem".

Oder: dass es eben einfach eine Frage der Interpretation ist ...

Zugegeben, ich sehe auch eine „56", wenn ich am Supermarkt zwischen den Kassen „5" und „6" anstehe oder an einem Laternenpfahl vorbeikomme, auf dem die Zahl „564" mit einem Metallschild versehen ist, ich aber beim Vorbeilaufen nur die „56" davon sehen kann.

Außerdem könnte man mir unterstellen, dass ich vielleicht absichtlich in ein Haus mit der Nummer 56 gezogen bin. Auch wenn ich als Zwölfjähriger wohl kaum darauf einen Einfluss hatte.

Erstaunlicherweise wohne ich seit über zehn Jahren tatsächlich nicht in einem Haus mit der Nummer 56. Es ist viel besser: ich wohne keine 500 Meter – wohlgemerkt in beiden Richtungen! – genau zwischen zwei Häusern mit der Nummer 56.

Mein zentrales Bankkonto fängt mit einer 56 an.

Ich habe Hutgröße 56.

# KAPITEL FÜNF:
## ZUFALLS-ORTE

Eine Sache, die mir permanent passiert, wenn ich mich in einer Gegend verlaufe (und das passiert mir mit und ohne Google Maps ständig!), dann lande ich in den meisten Fällen vor einem Haus mit der Nummer 56.

Natürlich beobachte ich meine Umgebung immer etwas genauer, vorallem seit dem ich gemerkt habe, dass ich ein fotografisches Gedächtnis habe.

Dadurch fallen mir ständig Gebäude, Häuser und besondere Orte auf, die mir förmlich eine 56 „entgegenschreien".

Das Interessante dabei ist aber, dass ich natürlich nicht immer alles beobachte, aber oft, wenn ich ein seltsames gefühlt habe und dann tatsächlich etwas genauer hingucke meist meine Bestätigung in einer 56 finde.

Also kann man mir wieder einmal selektive Wahrnehmung vorwerfen. Wenn da nicht die Sache mit der 56 und meiner Vergangenheit wäre.

# KAPITEL SECHS:
## KANN MAN DIE VERGANGENHEIT „RÜCKWÄRTS INTERPRETIEREN"?

In Kapitel 3 habe ich erzählt, ich dachte das mit der 56 hätte mit dem Haus meiner Teenager-Zeit angefangen.

Aber ich lag völlig falsch.

Kann man die Vergangenheit „rückwärts interpretieren"?

Ich war total geschockt, als ich in den letzten Jahren durch die Betreuung meiner Mutter sehr häufig an dem Haus vorbei komme, indem ich als Kind aufgewachsen bin - denn ihr Hausarzt hat gleich die Praxis im Haus gegenüber.

Es war mir nie bewusst gewesen, dass ich zwölf Jahre direkt gegenüber einem Haus mit der Hausnummer 56 aufgewachsen war. Aber es war genau so. Ich war echt geschockt, als mir das aufgefallen war.

Wie kann das sein, – das so eine Zahl sich einfach heimlich bei einem in das Leben schleicht? Sogar irgendwie nachträglich.

Aber das Beste sollte noch kommen, als ich letztes Jahr mal wieder in meinem Baby-Foto-Album blätterte.

Der Höhepunkt für mich in meiner Recherche war ein Band, dass man mir bei meiner Geburt um den Arm gebunden hatte. Es ist auf dem Cover dieses Buches abgebildet.

# KAPITEL SIEBEN:
## DER BABY-SCHOCK

Es war in einem Umschlag in meinem Baby-Foto-Album mit den damals üblichen Locken, die man sorgsam aufbewahrt hat. Ich hatte es fotografiert, weil ich nicht glauben konnte, was ich sah.

Auf dem Etikett, das ich als Baby bei meiner Geburt getragen habe, ist deutlich eine 56 zu sehen. Genau genommen steht da 56 und 38 drauf – neben den 4000 Gramm, die ich als Schwergewicht gewogen hatte.

Leider konnte sich meine Mutter nicht mehr daran erinnern, was die 56 bedeutet, und so hatte ich eine E-Mail an das Krankenhaus geschrieben, die auch noch nach 53 Jahren wussten (ja so alt bin ich momentan beim Schreiben dieser Zeilen), was es bedeutet.

Ich war bei meiner Geburt genau 56 cm groß!

Ich bin immer noch sprachlos über diesen Fakten-Check.

Denn das ist nun einmal etwas, was keinen Raum zur Interpretation lässt. Es ist einfach eine pure Zahl.

## KAPITEL ACHT:
## KEINE 56-PANIK

Glücklicherweise bin ich ja aus dem 56-Panik-Modus raus. Dass irgendwas Schlimmes geschehen muss zum 56. Geburtstag meines Lebenspartners beispielsweise.

Nachdem ich sich die überraschende Bedeutung der 56 für mich zeigte und ich angefangen habe, jedes Auftauchen der 56 als Zeichen der Ermutigung in meinem Leben zu verstehen und dass ich auf dem richtigen Weg bin. Ich verrate auch bald in den folgenden Kapiteln, was ich für meinen eigenen 56. Geburtstag erwarten werde.

Aber mit Panik ist das eben so eine Sache.

Eines ist sicher: Wenn man einmal von einem Thema eingefangen ist, dann zieht man immer mehr von derselben Sache auf sich.

Und eben auch das Negative, wenn man nicht aufpasst.

Ich wurde erst vor ein paar Monaten Opfer einer Internet-Abzocke und mir wurden – natürlich! – genau €56 abgebucht von Couchsurfing, die seit Jahren mit einer üblen „Dark Pattern"-Masche ahnungslose Kunden abkassiert. Die ganze Story dazu gibt es auf meinem Blog (semmy.eu).

Inzwischen ersetzte ich aber die Angst vor unerwarteten Ausgaben mit der Freude, wenn eine Rechnung genau 56 € ergibt, so wie die Herstellung meins bedruckten Sakkos und T-Shirts zur Frankfurter Buchmesse 2022.

Ich musste dass jetzt erwähnen, weil dieses Thema ziemlich entscheidend sein wird.

# KAPITEL NEUN:
# KOMMT DIE 56
# EINFACH HÄUFIG VOR?

Eine Erklärung, die mir schnell eingefallen war, ist die, dass die Zahl 56 einfach wahnsinnig oft vorkommen muss.

Es gibt eigentlich kaum eine Straße in einer Stadt oder einem Ort, an dem ich nicht eine Nummer 56 finde, – egal in welchem Land und ob es eine Großstadt oder ein Dorf ist.

Wenn man online danach recherchiert, wie häufig die 56 vorkommt, dann bekommt man allerdings nicht wirklich mehr Auskunft darüber. Sobald man online nach Häufigkeit von Zahlen sucht, landet man früher oder später immer wieder beim Lotto spielen.

Auch das ist ein Thema, zu dem ich später noch Erstaunliches zu erzählen habe. Ja, und ich weiß, die meisten Lotterien enthalten gar keine 56.

Es gibt die Theorie in der Mathematik der absoluten Häufigkeit – also der Häufigkeit mit der ein Ereignis in einer Grundgesamtheit auftritt und der relativen Häufigkeit der Anteil, mit dem ein Ereignis in einer Gesamtheit auftritt.

Klingt kompliziert – und ehrlich gesagt unpraktisch. Weil es mir nicht hilft zu verstehen, was denn die 56 für eine Bedeutung in meinem Leben hat.

Denn ehrlich gesagt kommt die 56 ABSOLUT RELATIV häufig vor bei mir.

# KAPITEL ZEHN:
## SELEKTIVE WAHRNEHMUNG

„Es ist alles nur selektive Wahrnehmung!"

Einseitige Aufmerksamkeit auf ein Thema, die den Blick auf die Wirklichkeit so einschränkt, dass man eben nur noch das sieht, was man will.

Ähnlich wie die „Bubble" – die Wirklichkeitsblase, in der man sich befindet, weil man durch die Filter in sozialen Medien und durch andere Technologien nur noch die Dinge und Meinungen präsentiert bekommt, die man eh erwartet und für die Wirklichkeit hält.

Auf der anderen Seite ist es in Wirklichkeit so, dass ALLES in unserem Leben selektive Wahrnehmung ist, weil wir sonst an Reizüberflutung zusammenbrechen würden.

Der Thalamus im Zwischenhirn sorgt dafür, dass Informationen so ausgefiltert werden, damit wir etwas konkret damit anfangen können.

Es ist zum Beispiel erstaunlich, dass wir fast jederzeit unsere Aufmerksamkeit aktiviert sehen, sobald wir glauben, jemand hätte unseren Namen gesagt.

Es ist etwas, was biologisch in unserem Körper vorprogrammiert ist oder sich zumindest in Kombination mit unseren bisherigen Lebenserfahrungen in Verbindung mit dem RAS Nervensystem funktioniert.

# KAPITEL ELF:
## DAS RAS NERVENSYSTEM ODER DAS RETIKULÄRERE DINGENS

Im Englischen das als RAS Nervensystem benannte „Reticular Activating System" kennt man auf Deutsch das als das „aufsteigende retikuläre Aktivierungssystem".

Ich bin ja kein Biologe oder Wissenschaftler, aber ich fasse es mal so zusammen, wie ich es verstanden und mir erarbeitet habe für mein persönliches Verständnis.

Es sorgt dafür, WIE Informationen aktiv in unser Bewusstsein gelassen werden, also ein gezieltes Ausfiltern aus der Gesamtinformation an Eindrücken, die auf uns einprasseln.

Es ist absolut das faszinierendste biologische Element für uns als Menschen, – denn es sorgt letztendlich dafür, wie wir unsere Wirklichkeit wahrnehmen und interpretieren.

Es ist also gleichermaßen das Zentrum, in dem unser Bewusstsein entsteht und gleichzeitig die Steuerung unserer Aufmerksamkeit – sie wird gleichermaßen damit aktiviert und gelenkt.

Man könnte also außerdem sagen, dass das RAS Nervensystem eine biologische Erklärung ist, wie das „esoterische" Gesetz der Anziehung funktioniert, was im Englischen auch als Law of Attraction bekannt ist. Viele kennen das von dem bekannten Film „The Secret".

# KAPITEL ZWÖLF:
# DAS GESETZ DER ANZIEHUNG
# (LAW OF ATTRACTION)

Das „Law of Attraction" kennen inzwischen sehr viele Menschen. Man bekommt immer das im Leben, über das man am meisten nachdenkt.

Ich weiß, dass dieses Gesetz funktioniert, weil ich ein lebender Beweis dafür bin, wie es mehrfach mein Leben auf den Kopf gestellt hat.

Das Problem ist auch wieder eine Interpretation dieses Gesetzes und wie man es aktiv im Leben wahrnimmt.

Wenn man beispielsweise sich etwas wünscht und sich dann intensiv dem Gefühl dieses Wunsches nachgibt, kann es zwei Ergebnisse haben.

Angenommen, man wünscht sich einen Strandurlaub und man weiß nicht, wie man ihn bezahlen soll und wie man von der Arbeit freibekommt – und überhaupt, man will ja nicht alleine reisen und hat immer noch keinen liebevollen Partner gefunden ... – wenn man in dieser „negativen Haltung" sich etwas wünscht, dann fühlt es sich schrecklich an und es wird eben NIE in Erfüllung gehen, – weil man sich mit dem Unerfüllbarkeit des Wunsches beschäftigt, anstelle sich mit der ERFÜLLUNG zu beschäftigen.

So sollte man sich also lieber auf die Dinge freuen, die man sich wünscht, ganz egal wie „unmöglich" sie einem erscheinen – und man sollte sich einfach ganz dem Spaß der positiven Gefühlswelt hingeben, – weil sich dann neue Türen öffnen!

Aber ehrlich, Universum – so ich komme nicht weiter:
Ich bekomme immer mehr 56, weil ich über 56 nachdenke!
Ok, gebongt. Aber was zum Kuckuck bedeutet es?

## KAPITEL DREIZEHN:
## HILF MIR, WIKIPEDIA!

Viele kennen das ja. Man will schnell mal was aus Wikipedia nachschlagen und wird mit einer solchen Informationsflut erschlagen, dass man entweder relativ schnell wieder aufgibt – oder es als Sprungbrett benutzt, um an die Information zu kommen, die man wirklich will.

Wikipedia hat mir einige witzige und erstaunliche Fakten zur Zahl 56 geliefert – die meisten allerdings fallen eher unter „fun fact des Tages" ohne wirkliche Bedeutung für mich.

Dass es die internationale Vorwahl für Chile ist, zum Beispiel. Dass 56 Männer die amerikanische Unabhängigkeits-erklärung unterschrieben haben. Oder dass es beim Menschen die Geruchsrezeptoren in 56 Familien eingeteilt werden. Obwohl, ja, ich habe einen sehr empfindlichen Geruchssinn und kann am Geruch eines benutzten Glases erkennen, ob es meins ist oder das eines anderen. Aber eine hilfreiche Erklärung zur 56 ist das immer noch nicht.

Was ich allerdings interessant finde, ist, dass 56 eine sogenannte abundante Zahl ist (tatsächlich ein mathematischer Begriff!). Die wissenschaftliche Erklärung, dass ihre echte Teilersumme aller Teiler ohne die Zahl selbst größer ist als die Zahl selbst – das hat mich dann doch gleich wieder eine unangenehme Schulzeit erinnert.

Also habe ich die Bedeutung „Abundant" für Reichtum gleich mal aufgenommen, weil das nämlich durchaus ein spannendes Thema in meinem Leben ist.

Bevor ich also weiter auf den Aspekt des Reichtums und der „Abunten Zahl" eingehen werde, hier meine wirklich absolute Lieblingserklärung der Zahl 56.

Sie ist einfach super und – Spoiler-Warnung! – sie hat trotzdem absolut nichts damit zu tun, was die wahre Bedeutung der 56 für mein Leben ist.

Aber hier ist die Erklärung, die unser Freund Aristoteles für uns bereit hält. Der griechische Universalgelehrte als einer der bekanntesten Philosophen und Naturforschern brauche ich wohl niemanden vorzustellen.

Nach Aristoteles ist 56 die Anzahl der Schichten, die es im Universum gibt, – die Erde und 55 kristalline Sphären darüber.

Das ist für mich eine der tollsten Definition, die ich bis dahin gefunden hatte. Das Universum und mein ständiger Tanz um Abundanz und Reichtum. Das ist durchaus ein Thema, mit dem ich mich identifizieren konnte.

Aber es hatte mir trotzdem nicht geholfen zu verstehen, warum mich die Zahl 56 mit einer täglich steigenden Frequenz begegnet.

Deshalb fing ich an, mich mit anderen Erklärungen zu beschäftigen.

# KAPITEL FÜNFZEHN:
## NUMEROLOGIE?

Es klingt wie eine Wissenschaft, ist natürlich aber keine: Numerologie. Ganz anders zum mathematischen Zahlenverständnis, bei dem Zahlen rein formale Funktionen haben, weist die Zahlenmystik bestimmten Zahlen weitreichende Bedeutungen zu.

Bei der Numerologie werden allerdings fast nur einstellige Zahlen von 1 bis 7 betrachtet - sowie die 10. Sie ist also für mich nicht wirklich relevant, denn das einzige, was ich mit der Numerologie machen kann, ist die Zahlen 5 und 6 einzeln zu betrachten.

5 steht in Verbindung mit dem Pentagramm und 6 mit dem Wetter und dem Lauf der Zeit. Die Quersumme von 56 ist 11 – und das ist 5 plus 6. Nette Spielerei. Für mich aber irgendwie eine Sackgasse in meiner Recherche.

Wenn man sich mit Numerologie beschäftigt, liegt der Gedanke an die Astrologie sehr nahe. Persönliche halte nicht viel von Astrologie.

Aber ich habe aus Spaß selbst schon einige erfundene Horoskope für andere geschrieben (oft für wildfremde Personen!) die diese dann so zutreffend fanden, dass ich mich gefragt habe, ob DAS der Schlüssel zu meiner eigenen Wahrnehmung der Zahl 56 sein könnte.

# KAPITEL SECHSZEHN:
## ABERGLAUBE

Liegt es also daran, dass man etwas verzweifelt eine Bedeutung geben will, – das gar keine hat?

Ist es also Aberglaube, der einen an der Nase herumführt, weil man im Leben immer das glaubt, was man glauben will?

Im täglichen Sprachgebrauch wird Aberglaube ja mit Unvernunft oder Unwissenschaftlichkeit gleichgesetzt, denn der lateinische Begriff „superstitio" kann als „falsche Einsicht in die Natürlichkeit von Geschehnissen" interpretiert werden.

Also, da beißt sich die Katze selbst in den Schwanz. Ich persönliche finde das wiederholte tägliche Auftreten der 56 in meinem Leben ehrlichgesagt als absolut natürlich.

Die Zahl kommt so massiv vor, egal ob ich daran glaube oder nicht. Auf der anderen Seite habe ich das Gefühl, dass es durchaus mit meinem Glauben zusammenhängt, was ich mit der Interpretation der Zahl 56 mache.

Das ist tatsächlich in direkter Kontrolle meiner selbst – wie ich die Zahl selbst auf mich wirken lasse.

Wie eine Art Therapie sozusagen.

# KAPITEL SIEBZEHN:
# PLACEBO

Der Placebo-Effekt. Lateinisch von placebo („Ich werde gefallen"), der Effekt der Heilung durch Scheinmedikamente ohne enthaltenen Arzneistoff.

Viele Autoren schreiben dass man sein eigenes Placebo sei. Jeder bringt das in seinem Leben zur Geltung je nachdem, woran er glaubt.

Ich persönlich bin ja der Meinung, basierend auf der Erfahrung meines verrückten Lebens, dass die emotionale Intensivität unsere Gefühle auf unsere Ideen ausschlaggebend auswirkt. Aber dazu gleich noch mehr.

Was manche interssanterweise nicht wissen, ist, dass es auch ein Nocebo-Effekt gibt, der genau das Gegenteil ist.

Dabei werden unerwünschte Nebenwirkungen ausgelöst, beispielsweise eine allergische Reaktion auf einen Stoff, – der allerdings gar nicht vorhanden ist.

Diese Wirkungen werden mit psychosozialen Mechanismen erklärt. Allerdings würden nur ungefähr ein Drittel aller Menschen auf Placebo-Behandlungen reagieren.

Also auch dieses Thema gleich hoch interessant ist, entpuppt es sich als weitere Sackgasse. Denn ich weiß dadurch immer noch nicht, was die 56 für mich bedeuten soll.

# KAPITEL ACHTZEHN: SYNCHRONIZITÄT NACH DR. JUNG

Gibt es gar keine Zufälle und das Auftauchen der 56 in meinem Leben lässt sich durch den Psychologen Dr. C.G. Jung und seiner Theorie der Synchronizität erklären?

Die Synchronizität setzt allerdings voraus, das zuerst ein inneres Ereignis passiert: Man denkt an einen alten Freund, den man schon lange nicht mehr getroffen hat.
Dann erst geschieht ein äußeres Ereignis, das mit diesem zusammenpasst: Der alte Freund ruft plötzlich aus heiterem Himmel bei einem an.

Dr. Jung sagt: „Was einem Menschen passiert und wann, ist charakteristisch für ihn. Kein Zufall, sondern Notwendigkeit!"

Man solle die der Bedeutung solcher Erlebnisse genau betrachten und Konsequenzen für das eigene Handeln ziehen.

Nur: Ich denke nicht den ganzen Tag „allgemein an die Zahl 56" und dann taucht sie gleich danach auf. Oder doch? Immerhin habe ich jetzt sogar ein komplettes Buch dazu geschrieben.

Die Suche nach Dr. Jung und der Synchronizität brachte mich übrigens zu einem weiterem Kuriosum – dem Pauli-Effekt.

## KAPITEL NEUNZEHN:
## DER PAULI-EFFEKT

Dr. Jung hatte einen Kollegen und Freund, den Physiker Wolfgang Pauli. In der Anwesenheit von Pauli versagten häufig viele experimentelle Apparaturen oder gingen sogar zu Bruch.

Einige Kollegen nahmen den Effekt sehr ernst. Experimentalphysiker Otto Stern, der mit Pauli befreundet war und der in Hamburg sein Kollege war, erteilte ihm deswegen sogar Labor- und auch Institutsverbot.

Bezeichnenderweise ist mir gerade vor zehn Minuten vor dem Schreiben dieser Zeilen eine meiner liebsten Porzellan-Katzen-Tassen heruntergefallen und zerbrochen.

Jetzt aber mal ernsthaft: Ich habe jahrzehntelang Computerseminare gehalten, da kamen ein paar Tausend Menschen zusammen über die letzten Jahrzehnte. Immer wenn ich anwesend war, gab es tatsächlich seltsame technische Probleme mit Projektoren, Monitoren, Stromausfällen und Dingen, die ich mir nicht erklären konnte.

Das geht so weit, dass ich auch selten technische Geräte beim Kauf auswähle, weil ich so oft „Montagsgeräte" erwische und deshalb meist meinen Lebensgefährten bitte ins Regal zu greifen oder den Kauf von technischen Geräten zu übernehmen.

Beim Überarbeiten eines Krimimanuskripts letzten Monats ging ein Computer kaputt – keine halbe Stunde, nachdem das Manuskript fertiggestellt war – und ließ keinen Zugriff mehr auf das Dokument zu.

Es war ein wahrlich katastrophaler Umstand, der mir eine Woche zusätzlicher Arbeit einbrachte. Und ja, ich speichere in die Cloud ab – automatisch. Nur dass es genau in diesem Moment nicht passiert war.

Bin ich also irgendwie doch ein Unglücksrabe?

Nicht ganz, oder... nein eigentlich überhaupt gar nicht.

Dieser spezielle technische Unfall hatte auch eine unerwartete Wendung, die ich auf meinem Blog unter „Katastrophen sind keine" zu finden ist. Durch das Versagen des Computers hatte ich bei dem Besuch in einem Computerladen unerwartet einen deutschen Verleger kennengelernt.

Ob mir aber das wirklich hilft, die Bedeutung der 56 in meinem Leben zu verstehen, sei dahingestellt.

# KAPITEL ZWANZIG: SELBSTERFÜLLENDE PROPHEZEIUNGEN

Wir müssen uns auf jeden Fall mit dem Phänomen der selbsterfüllenden Prophezeiung beschäftigen.

Den Begriff gibt es seit 1911 wurde 1948 durch den Soziologen Robert K. Merton wie folgt beschrieben: „Die selbsterfüllende Prophezeiung ist anfänglich eine *falsche* Bestimmung der Situation, sie verursacht [aber] ein neues Verhalten, das bewirkt, dass die ursprünglich falsche Auffassung *richtig* wird."

Während der COVID-19-Pandemie kauften Einzelpersonen aus Angst vor einer möglichen Lebensmittel- und Versorgungsgüterknappheit große Mengen unverderblicher Lebensmittel und Hygieneartikel auf. Damit begann ein Dominoeffekt, die Nachfrage überstieg die Leistungsfähigkeit der Lieferketten, was den Eindruck einer tatsächlichen Knappheit erzeugte. Dies wiederum bestärkte die Auslöser in ihrer ursprünglichen Annahme.

Warum ist diese selbst erfüllende Prophezeiung so wichtig für mich, obwohl es ebenfalls keine sinnvolle Erklärung bietet, warum die 56 so häufig in meinem Leben anzutreffen ist?

Vielleicht WEIL ich so oft darüber rede, wie oft die 56 in meinem Leben anzutreffen ist.

Ich habe zum Beispiel diesen unglaublichen Hang, in Preisausschreiben, Gameshows und in Lotterien zu gewinnen.

Schon als Kind fand ich es immer toll, dass wenn ich Lose ziehen sollte, immer sehr viele Gewinne darunter waren. Als Teenager wollte ich in einer Band spielen und wünschte mir den legendären DX-7 Yamaha Synthesizer, der in den 80er-Jahren echt unerschwinglich war. Mein Vater machte dann noch Witze und sagte: „Ok, wir kaufen Dir einen, wenn wir dieses Wochenende im Lotto gewinnen."

Und – wirklich! – kein Witz, wir hatten 5 Richtige im Lotto genau an diesem Wochenende. Das ist für so viele unglaublich, dass ich es meistens gar nicht erzähle, aber es war genau so. Es gehört zu diesen Dingen, die ich ständig erzähle, – und es ist eine selbsterfüllende Prophezeiung.

In den 90er-Jahren hatte ich in mehreren Gameshows im Fernsehen mitgemacht. Unter anderem beim legendären Glücksrad. Noch in der Vorbereitung hatte ich mit den anderen Kandidaten „ausgemacht", dass wir den Jackpot knacken werden. Details dazu finden sich auf meinen Blog auf semmy.eu. – am Ende hatten wir in letzter Sekunde den Jackpot geknackt und ich ging mit 30.000 Mark (heute etwa €15.000 Euro) nach Hause.

Das Verrückteste, was ich erlebt habe, war dass ich mir einen Scheck selber ausgestellt hatte über eine Million - in derselben Art und Weise, wie der bekannte Comedian Jim Carrey es getan hatte. – Viele gartulierten mir dann zu meiner „Rolle als Schauspieler", als sie mich gesehen haben, wie ein Fernsehteam mit Kameras mir nach einem halben Jahr zu genau dieser Gewinnsumme gratuliert hatte, – denn natürlich haben die meisten nicht geglaubt, dass so etwas wirklich passiert ist.

# KAPITEL ZWEIUNDZWANZIG: SELBSTZERSTÖRENDE PROHPEZEIHUNGEN

Das Phänomen der selbsterfüllenden Prophezeiung hat auch einen Gegenspieler – die selbstzerstörende Prophezeiung.

Das Gegenstück der selbsterfüllenden Prophezeiung ist die ‚suizidale Prophezeiung'. Sie ändert das menschliche Verhalten im Vergleich zu dem Weg, den es ohne die Prophezeiung genommen hätte, auf eine Weise, dass sie sich *nicht* erfüllt. Die Prophezeiung zerstört sich selbst.

Meine Angst in Hinblick was alles mit Zahlen zu tun hat, hat sich leider immer wieder unangenehm in mein Leben eingemischt. Und so waren auch stets Mechanismen in meinem Leben vorhanden, die immer wieder genau das Gegenteil von dem bewirkten, was eigentlich geplant war.

Dabei sind selbstzerstörerische Prophezeiungen etwas Gutes. Beispielsweise sorgt die Vorhersage einer hochansteckenden Krankheit dafür, dass sich durch entsprechende Gegenmaßnahmen diese eben nicht verbreitet.

Hilft mir das wirklich weiter, jetzt endlich herauszufinden, was die 56 für mich bedeutet?

Wenn es um die Bedeutung der 56 in meinem Leben geht, dann unterliegt diese Bedeutung meinem eigenen Prophezeiung -Potenzial, das ich ihm geben will.

Hat die 56 also GAR KEINE Bedeutung, und ich muss es selbst entscheiden und damit aufhören, mich in interessanten, aber nicht relevanten Recherchen zu verlieren?

# KAPITEL DREIUNDZWANZIG:
## DIE KRAFT DER KINDHEIT

Eines hat mich immer fasziniert. Die Kraft meiner Kindheit. Was ich als Kind mir einfach ausgedacht und gewünscht habe und wie Dinge dann Wirklichkeit wurden.

Ich hatte Teddybären und Puppen in eine Gruppe gesetzt und diese unterrichtet, – ohne zu wissen, dass ich Jahrzehnte später Seminare und Workshops halten würde.

Ich war vom Fernsehen fasziniert und hab vor dem Spiegel geübt, wie man in einem Film „festgefroren" dastehen kann in dem kindlichen Glauben, dass die Schauspieler tatsächlich im Abspann eines Films so lange da still stehen müssten. Zwar sind meine IMBD-Einträge überschaubar, aber ich hatte später sogar ein paar Sprechrollen als Schauspieler.

Natürlich kam nichts über Nacht und war von viel Mühe, Arbeit und langer Vorbereitung geprägt. Am Ende war es aber immer so, dass wenn intensive Träume auf gute Vorbereitung trafen, – dass diese dann meist auf überraschende Weise Wirklichkeit wurden.

Leider hatte mir als Kind keiner gesagt, dass ALLES Wirklichkeit werden wird nämlich auch die negativen Dinge, die man befürchtet und auf jeden Fall vermeiden will.

Ich musste ich mit Erstaunen feststellen, dass ich bisher sicherlich 80 % meiner Wünsche und Befürchtungen aus meiner Kindheit gleichermaßen eingetroffen sind, und das schon lange bevor ich selbst 56 geworden bin.

# KAPITEL VIERUNDZWANZIG: EMOTIONALE VERSTÄRKUNG

Bei allem, was ich in meinem Leben gelernt und angewandt habe, bin ich inzwischen der Überzeugung, was der wahre Grund ist, warum Dinge in unserem Leben geschehen.

Es hängt mit unseren Emotionen zusammen. Es genügt also nicht, einfach nur sich eine Liste mit Wünschen an die Wand zu hängen. Obwohl genau das eine Strategie ist, die funktioniert, wenn man sie richtig anwendet.

Man muss dazu die stärksten Emotionen haben, die einem zur Verfügung stehen. Denn in unserem Innersten kämpfen immer Emotionen miteinander – gute und weniger gute.

Ich bin der festen Überzeugung, das die Stärke unserer Emotionen an das, was wir glauben oder befürchten, unser „Schicksal" besiegelt.

Das Problem ist, – die meisten Menschen haben eine stärkere emotionale Bindung an negative Gefühle. Es ist so einfach zu über etwas aufzuregen und sich über Menschen und Zustände so in Rage zu bringen, dass genau diese Menschen und Zustände unsere ständigen Begleiter sind – und wir sie einfach nicht loswerden: Geldmangel, streitsüchtige und andere negative Personen, die unser Dasein infrage stellen.

Ich weiss wovon ich spreche, denn ich trete jeden Tag diesen emotionalen Kampf gegen meine innere Schwerkraft an. Mindestens 56 mal am Tag – das ist sicher!

Der einfache und doch so schwere „Trick", um Dinge Wirklichkeit werden zu lassen, ist einfach seine Aufmerksamkeit nur auf die Dinge zu lenken, die man haben will und die volle Kraft der Vorfreude wirken zu lassen.

# KAPITEL FÜNFUNDZWANZIG:
# VISUALISIERUNG

Visualisierungen sind immer der Start. Immer. Bevor wir Worte sprechen oder denken, sind Bilder anwesend.

Im Zusammenhang mit Visualisierung muss ich Mel Robbins mit ihrer „High5-Methode" erwähnen, – die wesentlich dazu beitragen kann, wie man sein Selbstbild positiv verbessern kann, ohne Worte.

Es ist offensichtlich, dass alles, was wir in unserer Welt sehen, irgendwann als Bild im Kopf von jemanden begonnen hat.

Um so erstaunlicher ist es, wie wenig Zeit wir damit verbringen, unsere ideale Wirklichkeit durch bewusste strategische Auswahl von Bildern zu beeinflussen.

Die Zeit, die erfolgreiche Vorbilder mit Visualisierungen verbringen, sagt alles. Egal ob Spitzensportler, Erfinder, Wissenschaftler, Künstler – eigentlich ist jede Erfolgsgeschichte immer basiert auf die Kunst, an sich selbst zu glauben, und das, was man erreichen will – und haben möchte. Und dann aktive Schritte vorwärts macht.

„Jedermann ist Self-Made. Nur die Erfolgreichen geben es wirklich zu!"

Wer sich also ständig sagt, dass er sowieso nur ein Verlierer sei, wird genau das in entsprechenden Bildern im Kopf wirklich werden lassen.

Um dem entgegenzuwirken, habe ich mir inzwischen eine 56-Visualisierungs-Methode entwickelt, von der ich gleich berichten werde.

# KAPITEL SECHSUNDZWANZIG:
## GENUSS ALS KATALYSATOR

Ich habe etwas Überraschendes festgestellt.

Es gibt einen großen Katalysator,
die Dinge wahr werden zu lassen.

Es hat mit Lebenslust und Genuss zu tun.

Irgendwie hatte ich bemerkt, wenn ich das einfach Leben
genieße, ganz egal wie viel Geld ich zur Verfügung habe, das
genau dann Dinge in meinem Leben extrem schnell
passieren, gefühlt 56mal schneller als sonst.

Bis heute ist es mir ein Rätsel, wenn es beispielsweise um das
Thema Sex geht. Keine Sorge, ich werde das hier jugendfrei
gestalten.

Oft habe ich mir einen bestimmten Partner zum Sex
vorgestellt, weil ich neugierig war, wie es wohl sein könnte,
mit jemand aus einem bestimmten Land Spaß zu haben – und
war dann wirklich oft geschockt innerhalb von Stunden oder
zumindest Tagen dann genau so eine Person zu treffen. Ja, es
mag einfacher sein, wenn man 20 oder 30 ist. Aber ich bin
jetzt über 50 – und es funktioniert immer noch!

Wenn es mit Geld auch so einfach wäre, habe ich gedacht.
Und das war mein Denkfehler – es ist nämlich genau so
einfach, wie man es sich im Inneren macht.
Wenn Geld beispielsweise Stressgefühle auslöst, kann es
nicht zu einem kommen. Meine wichtigste Erkenntnis ist,
dass ich mich auf den Genuss konzentrieren muss und zwar
sowohl auf dem Genuss, Geld zu haben, als es auch dem
Genuss, es auszugeben, ohne Angst, dass es irgendwie
„ausgeht".

# KAPITEL SIEBENUNDZWANZIG:
## DAS LEBEN GENIESSEN

Ich habe oft mit Internetprojekten dann am meisten Geld verdient, während ich offline mein Leben genossen habe, ohne mich in Sorgen um Details über mein Business zu ergehen.

Das Leben genießen klingt einfach, – ist aber tatsächlich paradoxerweise erst dann möglich, wenn man dies diszipliniert jeden Tag macht – ganz egal von den äußeren Umständen.

Denn das gute Gefühl steht am Anfang. Glück wird nur dann erlebt, wenn man zwanglos sich in das Gefühl der Glückseligkeit begibt.

Oft genieße ich das Leben eben gar nicht, weil etwas mit meinem Projekten völlig schief läuft und ich meine, mit Gewalt etwas Wirklichkeit werden lassen zu müssen.

Genuss kann nicht mit Zwang kombiniert werden, dann ist es kein Genuss mehr.

Und irgendwie wollte ich jetzt auch endlich einfach die zwanghafte Suche nach der 56 beenden – und wurde dann urplötzlich im Jahre 2022 nach 53 Jahren meines Lebens mit einer erstaunlichen Erklärung und Bedeutung konfrontiert.

# KAPITEL ACHTUNDZWANZIG:
# EINE ZAHL OFFENBART SICH

Eigentlich war es die ganze Zeit schon vor meiner Nase irgendwie. Ja, hinterher ist man immer klüger, sagt man.

In meiner Kindheit habe ich 12-13 Bücher in der Woche verschlungen. Als Teenager hab ich eine Ausbildung als Verlagskaufmann gemacht und jahrelang an Büchertischen gestanden und Bücher verkauft.

Ich hatte als freischaffender Journalist mit vielen Persönlichkeiten und Berühmtheiten zu tun und war immer wie elektrisiert, wenn ich auf eine Bühne als Keyboarder mit der Band, als Redner oder Moderator treten konnte. Ganz zu schweigen von den wenigen, aber hart erkämpften Einsätzen als Schauspieler.

Als die Corona-Krise in 2020 ausbrach, hatte ich gerade einen gut bezahlten Werbespot als Schauspieler auf den Kanaren gedreht, denn wie aus „heiterem Himmel" kam ich zu einem neuen Schauspiel-Agenten. Nachdem ich neu angefangen hatte „unmögliche Wunschziele" zu visualisieren.

Irgendwie hatte ich mich aus einer unendlichen Phase einer Depression herausgewurstelt. Die Details dazu finden sich in „Wie Nagellack mir half, meine Depressionen hinter mich zu lassen". Ja, das ist wirklich ein Buchtitel von mir.

Dummerweise hatte Covid dazu beigetragen, dass der Werbespot nie das Licht der Welt gesehen hat – und dann kam der Lockdown, in dem man hier in Spanien für mehrere Monate das Haus nicht mehr verlassen durfte.

Endlich hatte ich damit begonnen, das Manuskript für einen Kanarenkrimi in Angriff zu nehmen. Ich nahm einen Videokurs mit einem meiner Vorbilder – Dan Brown.

Es hatte mich dann letztlich 2 Jahre an Selbstdisziplin gekostet, die ich bis dahin eigentlich nie so kannte, aber dann war der erste Krimi wirklich komplett fertig!

Ausgerechnet beim Schreiben meines Krimis kurz vor Fertigstellung am Ende hatte ich eine Erkenntnis, die mich einfach umhauen würde.

Jeder Kinofilm, jedes Theaterstück, jeder Krimi und eigentlich fast jede spannende Erzählung ist auf dieselbe Struktur der Erzählung aufgebaut. Es gibt 3 Akte, – Akt 1, Akt 2 und Akt 3 – diese Struktur gibt es schon seit der Antike und hat sich bewährt, wir als Menschen gerne unterhalten werden.

Auf dem Umschlag dieses Buches kann man mich mit der aufgeblasenen 56 sehen wir ich vor meinem Manuskript-Layout sitze. Danke übrigens für die falschen Geburstagsgrüsse, die Zahl ist wirklich da, weil ich damit die wahre Bedeutung der 56 für mich feiere!

Und ja, – jetzt endlich verrate ich diese geheimnisvolle und doch so offensichtliche Bedeutung für mich. Es ist wirklich eine mathematische Meisterleistung des Universums.

Wenn man ein Drehbuch-Manuskript schreibt, folgt dies ganz strengen Regeln, weil ein Kinofilm eine genaue Länge hat, – und ähnlich kann ein solches „Gerüst" auch beim Schreiben von Romanen und Krimis angewendet werden.

Ich sag nur „Rette die Katze" von Syd Field, falls jemand dies liest und selbst schreiben möchte.

Akt 1 besteht immer aus 14 Szenen.

Akt 2 besteht sinniger weise aus 2 Teilen, dem Akt 2A und dem Akt 2B, – also 2 x 14 Szenen.

Akt 3 besteht dann wieder aus 14 Szenen.

Hier ist einfache Rechnung: 4x14 Szenen = 56 !

Ich war geschockt. Während des gesamten Schreibens war mir diese Zahl nicht aufgefallen und jetzt traf mich diese Bedeutung wie ein Hammer.

Ich soll also Krimis schreiben.

Ich soll Menschen mit spannenden Geschichten unterhalten.

Ich soll meinem Drang nachgeben, ohne Punkt und Komma zu sprechen, ohne jeden in meiner Umgebung damit zu nerven – eben in schriftlicher Form.

Ich soll etwas produzieren, was ich meiner Nachwelt erhalten kann.

Erstaunlicherweise, wenn ich jetzt auf mein Leben zurückblicke und die verpassten Chancen, in denen ich mich nicht getraut hatte, auf meine innere Eingebungen zu hören – und viel zu schnell aufgegeben hatte, machte alles Sinn.

Warum hatte ich nie das Drehbuch-Expose auf gut Glück als Chance geschrieben, als man mir das vor 25 Jahren angeboten hatte?

Warum war ich so entmutigt, weil ich jahrelang keinen Schauspiel-Agenten gefunden hatte?

Manchmal brauchen Dinge im Leben wohl einfach Zeit, damit sie und die Erkenntnisse über das Leben selbst heranreifen können.

Ich empfinde die 56 inzwischen als eine enorme Freiheit.

Jedes Mal, wenn ich eine 56 sehe, lächle ich und freue mich wie ein kleines Kind.

Jedes Mal, wenn ich eine 56 sehe, führe ich eine bewusste Handlung aus, – ich kaufe das Stück Kuchen für 5,60 € auf dem Flughafen. Ich spende die 56 € für das Tierheim, – ich stelle eine Rechnung für eine Veranstaltung für 560 € aus.

Ich empfinde die Zahl wie einen Kompass oder einen Wegweiser.

Ich bedanke mich, dass ich selbst entscheiden kann, was die 56 für mich heute bedeuten kann – Glück, Seelenfrieden, Erfolg und einfach diese saukomische Welt so zu genießen, wie sie für mich ursprünglich gedacht war.

# KAPITEL DREIßIG:
# DIE ERSTEN 56 MINUTEN
# MEINES TAGES

Ein wichtiger Teil meines persönlichen Erfolges ist, dass ich die ersten 56 Minuten meines Tages für eine Morgenroutine investiere. Es gibt viele Coaches und Autoren, die empfehlen, dass die ersten Stunden und Minuten des Tages sehr wichtig sind, – weil das Momentum wie ein Tag verläuft, sehr stark davon abhängt, wie man ihn beginnt.

Ich kombiniere hier einige Elemente von Autoren und Coaches, von denen ich in den vergangenen Jahrzehnten und Jahren gelernt habe.

1. Ich benutzte die 5,4,3,2,1... Methode von Mel Robbins, um aus dem Bett zu kommen. Oft schon vor 7 Uhr, obwohl ich kein Morgenmensch bin.

2. Ich nutzte die frischen ersten 56 Minuten, um alles aufzuschreiben, was mir in den Sinn kommt, während ich mir einen Kaffee mache.

3. Ich schreibe in ein kleines Tagebuch den Grund, warum ich mich heute glücklich fühle will – und es auch werde.

4. Ich mache meine 56-Meditation und schreibe ebenfalls in ein Tagebuch, wozu ich das Geld ausgeben werde, das ich bekomme und habe. (Was die 56-Meditation ist, steht im nächsten Kapitel!)

5. Ich schreibe auf, was ich als Eingebung zu Problemen und Krimi-Buch-Plots benötige – und gehe dann erst online!

# KAPITEL EINUNDDREIßIG:
## DIE 56-MEDITATION

Ich habe mir angewöhnt - inspiriert durch Abraham Hicks –
jeden Morgen eine ständig steigende Summe an virtuellem
Geld auszugeben, weil es dann oft im wirklichen Leben
auftaucht, wenn man lange genug sich auf die positive Kraft
besinnt. Die ursprüngliche Variante, bei der man mit 1.000
Euro anfängt und dann jeden Tag 1.000 Euro drauflegt, ist
eine ganz gute Art, sich damit energetisch in spielerischer
Weise auf Reichtum einzustimmen.

Inzwischen habe ich etwas selbst entwickelt, dass ich die 56-
Meditation nenne. Ich habe einen Zettel, auf dem steht:
56, 560, 5.600, 56.000, 560.000, 5.600.00 und 56.000.000.

Jeden Tag schreibe ich auf, wofür ich 56 € ausgebe, dann  560
€ und so weiter. Also mit 56 € bezahle ich meinen Einkauf im
Supermarkt, mit 560 € bezahle ich die Miete für eine
bestimmte Wohnung, mit 5.600 € bezahle ich ein Firma, die
mir im Marketing hilft, 56.000 € schicke ich als eine Spende an
ein Projekt, das mir wichtig ist, mit 560.000 € beteilige ich
mich an einer TV-Produktion meiner Krimi-Serie.

Das macht wirklich Spaß und bringt einen auf
ungewöhnliche Gedanken – es hilft spielerisch, sich ohne
Angst dem Thema Geld und Reichtum zu nähern.

# KAPITEL ZWEIUNDDREISSIG: DAS 56-MILLIONEN-VERMÄCHTNIS

Konsequenterweise geht meine 56-Meditation zielstrebig weiter in Richtung 56 Millionen. Für die meisten eine absolut verrückte und unvorstellbare Summe.

Was macht man bloss mit 56 Millionen?

Und doch ist das ist das einfachste von allem.

Das ist die Summe, die ich hinterlassen werde, wenn ich diesen Planeten verlassen werde. Und was damit gemacht wird, entscheiden dann diejenigen, die dieses Geld erhalten und verwalten werden.

# KAPITEL DREIUNDDREIßIG: WAS PASSIERT 2025?

Die spannende Frage ist: Was passiert 2025?

In diesem Jahr werde ich 56 Jahre alt werden.

Werden sich meine Krimis dann in einer Art und Weise verkaufen, die ich mir momentan nur erträumen kann?

Ich weiß es nicht. Ich weiß nur, dass ich dann dieses Buch aktualisieren werde und damit beginnen werde, meine Autobiografie zu schreiben.

Es bleibt spannend und unterhaltsam.

Mit der 56 an meiner Seite wird es niemals langweilig.

**Semmy de Nada,**
**Teneriffa im Januar 2023**

Faktencheck und Kontakt zu Semmy de Nada
via www.semmy.eu

# BONUS FUN-FAKTEN

Noch zwei Bonus-Fun-Fakten am Ende:

Die ISBN-Nummer dieses Buches enthält eine 56.

Und besonders wichtig - dieses Buch hat 56 Seiten!

Das ist besonders deshalb super, weil sich das durch 4 teilen lässt, denn jedes gedruckte Buchmanuskript muss sich durch 4 teilen lassen.

# EMPFOHLENE LITERATUR & REFERENZEN

Ich selbst lese meist Titel im Original auf Englisch, viele dieser Titel sind aber natürlich auch auf Deutsch erhältlich.

Meine Liste an Empfehlungen wird ständig aktualisiert auf meiner Seite unter https://www.semmy.eu/context

Paulo Coelho, Der Alchimist

The Science Of Getting Rich von Walles D. Wattles 1910/1911

Empfohlen: "The Prosperity Bible" das alle wichtigen Selbsthilfe-Klassiker enthält wie die von Napoleon Hill „Denke nach und werde reich"

Alles von Dr. Joseph Murphy

Abraham Esther Hicks abraham-hicks.com

Dr. Despanza drjoedispenza.com
Du bist das Placebo – Bewusstsein wird Materie

Mel Robbins Die 5-Sekunden-Regel
& Die High5-Methode melrobbins.com

The Secret – thesecret.tv

**Semmys Netzwerk:**

www.semmy.eu – Blog und Updates
www.canaryislandsmurders.com – meine Krimi-Marke
www.dineopinion.com/de - mein Krimi-Roman-Debut
www.quirky.management – Business Kontakt & Bookings

# CANARY ISLANDS MURDERS.com

## DineOpinion
### von Semmy De Nada

gelesen
vom Autor

**AudioBook Hörprobe**

## FÜR NOTIZEN:

Sollte dieses Buch nicht 56 Seiten haben?

Das war mein ursprünglicher Plan, ja.

Da dieses Buch natürlich zu meinem 56. Geburtstag eine neue Version erhält, sind also noch ein paar Seiten leer, die der geneigte Leser inzwischen für seine Notizen benutzen kann.

Ich freue mich auf die inspirierenden Kommentare und Rückmeldung wie dieses Buch Dein/Ihr Leben beeinflusst hat!

FÜR NOTIZEN:

**FÜR NOTIZEN:**

**FÜR NOTIZEN:**

FÜR NOTIZEN:

**FÜR NOTIZEN:**

FÜR NOTIZEN:

**FÜR NOTIZEN:**

**FÜR NOTIZEN:**